Arena-Taschenbuch
Band 50172

Weitere Tierkinder-Abenteuer von Friederun Reichenstetter bei Arena:

Wie lebt die kleine Honigbiene
Wie kleine Igel groß werden
So leben die kleinen Eichhörnchen
Die kleine Meise und ihre Freunde
Der kleine Fuchs und die Tiere im Wald
Der kleine Marienkäfer und die Tiere auf der Wiese
Der kleine Maulwurf und die Tiere unter der Erde
Der kleine Delfin und seine Freunde im Meer
Die kleine Eule und die Tiere der Nacht

Dieser Sammelband enthält die Titel:

Der kleine Biber und die Tiere am Fluss
Der kleine Frosch und seine Freunde. Von der Ameise bis zum Schmetterling
Wie leben die kleinen Waldameisen?

1. Auflage als Sammelband im Arena-Taschenbuchprogramm 2013
© dieser Ausgabe 2013 Arena Verlag GmbH, Würzburg
Der kleine Biber und die Tiere am Fluss © Arena Verlag GmbH, Würzburg 2011
Der kleine Frosch und seine Freunde. Von der Ameise bis zum Schmetterling
© Arena Verlag GmbH, Würzburg 2011
Wie leben die kleinen Waldameisen? © Arena Verlag GmbH, Würzburg 2010
Alle Rechte vorbehalten
Text: Friederun Reichenstetter
Einband und Illustrationen: Hans-Günther Döring
Umschlagtypografie: knaus. büro für konzeptionelle und visuelle identitäten, Würzburg
Gesamtherstellung: Westermann Druck Zwickau GmbH
ISSN 0518-4002
ISBN 978-3-401-50172-7

www.arena-verlag.de

So lebt der kleine Biber

und andere Tierkinder-Abenteuer

**Drei Geschichten mit
vielen Sachinformationen**

Erzählt von Friederun Reichenstetter
Mit Bildern von Hans-Günther Döring

Arena

Der kleine Biber und die Tiere am Fluss

Baumeister Biber

Es wird dunkel im Wald. Kein Sonnenstrahl spielt mehr auf dem munteren Bach. Höchste Zeit für den Biber aufzustehen. Schließlich hat er den ganzen Tag geschlafen. Ein Bad im frischen Wasser ist der beste Muntermacher.
Danach klettert der pelzige Kerl schwerfällig die Uferböschung hinauf, putzt sich das Fell und sieht sich aufmerksam um.

Was sucht der Biber?
Einen geeigneten Baum, den er fällen kann.

Hat er einen gefunden, nagt er mit seinen scharfen Zähnen eine Kerbe in die Rinde. Er überlegt sich vorher genau, in welche Richtung der Baum fallen soll.

Was ist Besonderes am Biber?

Er hat einen dicken Pelz.

Er hat kräftige Zähne, die nachwachsen.

Er hat einen platten Schwanz zum Rudern.

Was macht der Biber mit dem Baum?
Er baut daraus einen Damm.

Mit Stämmen und Zweigen staut er den Bach auf, damit die verschiedenen Eingänge zu seiner Höhle unter Wasser liegen. Nur so ist die Biberfamilie vor Feinden sicher.
Auch die zwei ängstlichen Jungtiere, die Frau Biber gerade ins Wasser scheucht. PLATSCH! macht es. Bald können die Kleinen so gut tauchen und schwimmen wie Papa und Mama.

Er hat feste Krallen zum Graben.

Ein Vogel, der tauchen kann

Wer singt denn da so laut, dass der Gesang sogar das Rauschen des kleinen Wasserfalls übertönt? Es ist die Wasseramsel. Singen muss sein, aber satt wird man nicht davon. Also: Auf geht's! Im Bach holt sich die Wasseramsel ihr Futter am liebsten.

Ertrinkt sie nicht darin?
Nein, denn sie kann ihre Ohren- und Nasenöffnungen verschließen.

Mit ihren kräftigen Beinchen kann sie sogar
unter der Wasseroberfläche spazieren gehen
und dabei nach Nahrung suchen.
Ist die Strömung zu stark,
krallt sich die Wasseramsel
an Pflanzen und Steinen fest,
die im Bachbett liegen.
Bis zu einer halben Minute
kann sie tauchen.

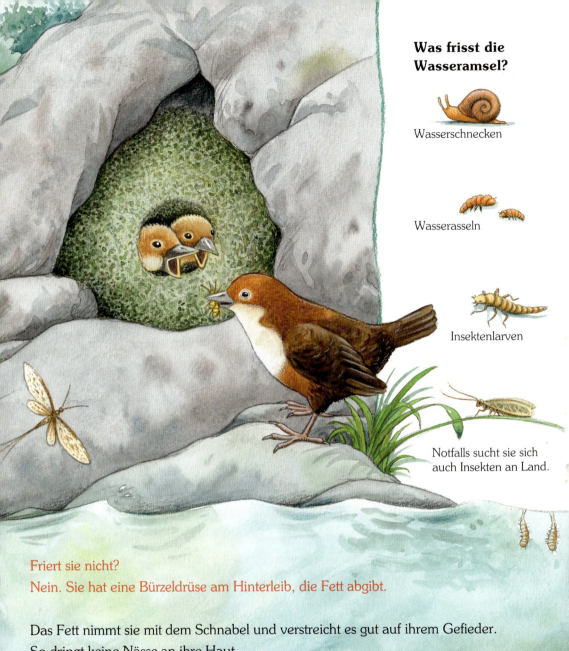

Was frisst die Wasseramsel?

Wasserschnecken

Wasserasseln

Insektenlarven

Notfalls sucht sie sich auch Insekten an Land.

Alpensalamander

Friert sie nicht?
Nein. Sie hat eine Bürzeldrüse am Hinterleib, die Fett abgibt.

Das Fett nimmt sie mit dem Schnabel und verstreicht es gut auf ihrem Gefieder. So dringt keine Nässe an ihre Haut.
Für ihre Jungen bauen Wasseramseln in einer geschützten Felsnisch kugelrundes Nest aus Moos. Dorthinein legt Frau Wasseramsel ihre Sind die Jungen dann groß genug, bringen ihnen die Eltern als Erst wie man taucht. Erst wenn sie das gut können, lernen sie fliegen.

Mit wem kommt der Feuersalamander besonders gut aus?

Grasfrosch

Erdkröte

Bergmolch

Der Feuersalamander mag kein Feuer

Zurückgezogen lebt der Feuersalamander tief im Wald an einem Bach.
Er liebt es feucht und ein bisschen modrig.

Warum heißt er dann Feuersalamander?
Vielleicht, weil seine goldenen Flecken auf der Haut wie Feuer aussehen.

Vermutlich aber, weil die Leute früher irrtümlich dachten, dass der Feuersalamander Feuer löschen könne. Nämlich mit dem Gift, das er bis zu einem Meter weit versprühen kann.

Ist das Gift gefährlich?
Für Tiere ist es das.

Aber auch Menschen sollten Feuersalamander besser nur ansehen und nicht anfassen.

Der Feuersalamander ist ein besonderes Tier.
Das Weibchen legt keine Eier, sondern bringt
Larven zur Welt. Die tummeln sich so lange im Wasser
und häuten sich immer wieder, bis sie erwachsen sind.
Dann verlassen sie das Wasser und verziehen sich
unter Felsen und Steine an Land.
Nachts jagen sie.

Häuten muss sich der Feuersalamander
sogar noch dann, wenn er ausgewachsen ist.
Von der Spitze der Schnauze aus streift er
seine alte Haut nach hinten ab.
Weil die neue Haut dünn und empfindlich ist,
muss der Feuersalamander noch ein paar
Tage sehr vorsichtig sein.

Wasserscheu ist diese Maus nicht

Kaum zu glauben! Eine Maus, die taucht und schwimmt.
Das kann nur eine sein: die Wasserspitzmaus.
Wie praktisch, dass sie gleich in der Uferböschung wohnt.
So hat sie es nicht weit zu ihren Beutezügen unter Wasser.

Hat die Wasserspitzmaus Schwimmhäute an den Zehen wie der Biber?
Nein, aber sie hat kräftige Borsten an den Füßen und am Schwanz.

Damit kann sie gut paddeln. Mit ihrer spitzen Schnauze stöbert sie auf dem Grund des Baches Futter auf. Und mit den ebenfalls spitzen Zähnen kann sie sogar Wasserschnecken knacken. Aber auch Insektenlarven, Kaulquappen und Würmer sind ihr als Nahrung willkommen.

Friert die Wasserspitzmaus nicht unter Wasser?
Nein, das dichte Fell hält sie warm.

Darum pflegt die Wasserspitzmaus es täglich.
Mit den Zähnen kämmt sie das Fell, mit den
behaarten Füßen bürstet sie es gründlich.

Im Frühjahr bekommt Frau Wasserspitzmaus
bis zu zehn Junge.
Einige Wochen werden die gesäugt, dann heißt
es für sie, schwimmen und jagen lernen.

Mit welchen Tieren ist die Wasserspitzmaus verwandt?

Nicht mit den Mäusen,
denn die sind Nagetiere.
Die Wasserspitzmaus ist
ein Insektenfresser.
So wie

der Igel,

der Maulwurf,

die Sumpfspitzmaus

und die Zwergspitzmaus.

Welche Fische trifft die Bachforelle in klaren Bächen?

Regenbogenforelle

Lachsforelle

Bachsaibling

Lachs

Die Bachforelle tarnt sich gut

Nur im klaren, fließenden Wasser fühlt sich die Bachforelle wohl.
Sie ist ein hübscher kleiner Fisch, der sich sogar in der Farbe an seine Umgebung anpassen kann. Lebt sie in einem Bach- oder Flussbett mit hellem Sandboden, färbt sie sich heller, wohnt sie zwischen vielen Pflanzen, wird die Haut dunkler.

Warum wechselt die Forelle ihre Farbe?
Weil sie sich so besser verbergen kann.

Denn die Forelle steht nicht nur bei den Menschen auf dem Speiseplan. Auch Graureiher oder Hechte mögen diesen Leckerbissen. Gut, dass sie sich tarnen kann!

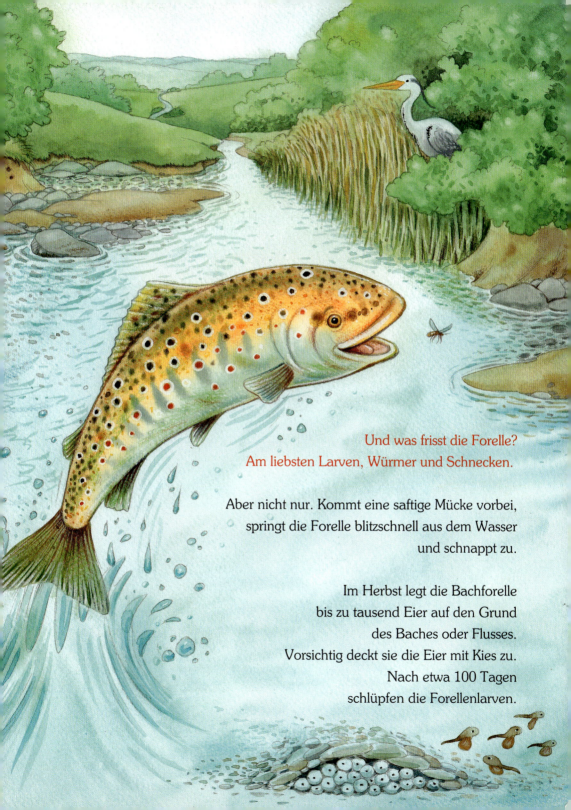

**Und was frisst die Forelle?
Am liebsten Larven, Würmer und Schnecken.**

Aber nicht nur. Kommt eine saftige Mücke vorbei, springt die Forelle blitzschnell aus dem Wasser und schnappt zu.

Im Herbst legt die Bachforelle bis zu tausend Eier auf den Grund des Baches oder Flusses. Vorsichtig deckt sie die Eier mit Kies zu. Nach etwa 100 Tagen schlüpfen die Forellenlarven.

Wer hat es auf die jungen Eisvögel abgesehen?

Ratte

Wiesel

Otter

Der Eisvogel liebt die Wärme

Nein, dieser Name passt überhaupt nicht zu ihm. Denn der Eisvogel mag es gern warm. Seine Verwandten wohnen nämlich in den Tropen.

Warum heißt er dann Eisvogel?
Weil seine Federn blau schimmern wie Eis.

Am Bauch und um die Augen herum sind aber die Federn wunderschön orange. Weil der Eisvogel gar so hübsch ist, nennt man ihn sogar »fliegenden Edelstein«. Es ist anstrengend für Herrn und Frau Eisvogel, in die steile Uferböschung eine Bruthöhle zu hacken. Aber mit vereinten Kräften schaffen sie es. Endlich kann Frau Eisvogel ihre Eier legen.
Wenn die Jungen geschlüpft sind, haben die Vogeleltern ganz schön viel zu tun, bis die Kleinen auch gut jagen können.

Wie jagen die Eisvögel?
Sie setzen sich auf überhängende Zweige und beobachten, was unten im Bach vorbeischwimmt.

Kommt ein kleiner Fisch, stürzt sich der Eisvogel blitzschnell ins Wasser, schnappt ihn sich und schnellt sofort wieder hoch. Denn unter Wasser laufen wie die Wasseramsel kann er nicht. Für die Jungen ist das Jagen anfangs eine echte Mutprobe, bei der manchmal auch einer von ihnen ertrinkt.

Hecht

Mit wem ist der Fischotter verwandt?

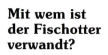

Dachs

Marder

Iltis

Hermelin

Ein Meisterschwimmer und ein großartiger Jäger

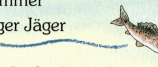

Er ist ein wirklich schneller Geselle, der Fischotter. Vor allem im Wasser – er ist der beste Schwimmer unter den Landraubtieren. Auch tauchen kann er bis zu acht Minuten. Dann jagt er Fische, Krebse, Frösche und Insekten. Sogar Bisamratten sind vor ihm nicht sicher.

**Kann der Fischotter auch laufen?
Ja, sogar recht schnell.**

Gerade saust er am Ufer entlang mit seinem dichten Fell, dem langen Körper und dem fast ebenso langen Schwanz.

**Jagt er dann auch an Land?
Wenn es sein muss, schon.**

Dort erbeutet er dann Schlangen, Mäuse und ab und zu sogar ein Kaninchen. Fischotter fressen auch kranke Tiere und sind damit die reinste Gesundheitspolizei, weil sie verhindern, dass sich Krankheiten ausbreiten.

Otter hausen wie Biber in trockenen Höhlen, deren Eingang oft unter Wasser liegt. Wenn Otterkinder nicht schwimmen lernen wollen, packt die Mutter die Jungen an der Halsfalte und setzt sie gleich neben dem Eingang ins Wasser. Puh, ist das nass! Zum Glück hält wenigstens der dichte Pelz gut warm.

Wer spinnt denn da unter Wasser?

Wie seltsam, eine Spinne, die unter Wasser wohnt!
Und das, obwohl sie keine Kiemen hat.
Aber die Wasserspinne schafft das mit einem Trick:
Sie baut sich eine Luftglocke.

Wie macht sie das?
Zuerst spinnt sie sich ein dichtes Netz.

Darunter sammelt die Spinne Luft an. Wie unter
einer Käseglocke. Dazu streckt sie immer wieder
ihren Hinterleib aus dem Wasser. Die Luft, die sich
zwischen Beinen und Körperhaaren verfängt,
bildet eine Blase. Diese Blase bringt die Wasserspinne
blitzschnell zu ihrer Behausung und streift sie dort ab.
So entsteht eine Luftglocke, in der sie wohnen kann.

Um immer sicher zu ihrem Luftvorrat zu kommen,
gleitet sie an einem ihrer gesponnenen
Signalfäden entlang.

Was sind Signalfäden?
Das sind Fäden, die die Spinne vom Netz zum
Ufer spannt und dort an den Pflanzen befestigt.

Wenn sich die Fäden bewegen, haben sich meistens
Insekten darin verfangen. Die schleppt die Spinne
blitzschnell zu ihrem Netz, tötet sie mit einem Biss
und verspeist sie. Wasserspinnen können auch
Menschen beißen. Das ist ähnlich unangenehm
wie ein Wespenstich.

So baut die Spinne ihre Luftglocke

Die Spinne baut ein dichtes Netz zwischen den Wasserpflanzen.

Die Spinne klettert am Signalfaden an die Wasseroberfläche, um Luft zu tanken.

Wenn die Tauchglocke fertig ist, legt die Spinne ihre Eier ab. Die jungen Spinnen bleiben, bis ihnen Haare gewachsen sind, in der Luftglocke.

Der Haubentaucher sucht eine Frau

Ob der Haubentaucher weiß, wie hübsch er ist? Braune Federn umschließen seinen Kopf wie eine Haube und die schwarzen stehen nach oben wie ein Kamm. Der Haubentaucher kann obendrein gut fliegen und hervorragend tauchen – bis zu zwanzig Meter weit.

Warum muss der Haubentaucher so lange tauchen können? Damit er die Fische und Frösche unter Wasser jagen kann.

Jetzt aber ist Frühling und der Haubentaucher sucht eine Frau. Eine gefällt ihm. Sie hat offenbar nichts dagegen, dass er sich ihr mit ein paar Halmen im Schnabel nähert und den Hals weit aus dem Wasser reckt. Die hübsche Haubentaucher-Dame macht es ebenso.

Das Balzen war erfolgreich!
Die beiden Vögel werden ein Paar und bauen versteckt im dichten Schilf ein schwimmendes Nest aus Schilfhalmen, kleinen Ästen und Wasserpflanzen. Dahinein legt das Weibchen vier weiße Eier. Nach vier Wochen schlüpfen die Jungen.

Gehen die Jungvögel gleich ins Wasser?
Nun, wenn sie müssen, können sie sofort schwimmen.

Aber lieber lassen sie sich anfangs noch auf dem Rücken von Vater und Mutter schaukeln.

Wen treffen die Haubentaucher im Fluss?

Stockente

Kanadagans

Graugans

Blesshuhn

Der Hecht ist ein gefährlicher Räuber

Gemächlich fließt der Fluss dahin. Sein Ufer ist mit dichtem Schilf bewachsen. Kein Tier scheint unterwegs zu sein.

Oh doch, da steht ja ein Fisch knapp unter der Wasseroberfläche! Sein lang gestreckter, gefleckter Körper fällt kaum auf. Wie ein Entenschnabel ist der Kopf geformt. Der Unterkiefer steht leicht vor. Kaum merklich öffnet sich das Maul, saugt Wasser ein und lässt es über die Kiemen wieder ausströmen.

Was ist das für ein Fisch?
Es ist ein Hecht.

Er ist ein echter Räuber. Sein Maul ist gespickt mit spitzen Zähnen. Heute hat er schon einen unvorsichtigen Wasserfrosch verspeist. Trotzdem liegt er schon wieder auf der Lauer.

Welche Pflanzen wachsen am Fluss?

Schilf

*Was frisst er denn noch alles?
Fische und sogar junge Wasservögel.
Auch Wasserratten stehen auf seinem Speiseplan.*

Doch es dauert lange, bis aus einem winzigen Hecht-Ei
ein so mächtiger Kerl wird. Denn aus dem Ei
schlüpft zuerst einmal eine zarte Hechtlarve,
die sich noch einige Zeit an Pflanzenteilen im Uferbereich
festhalten muss. Wie gut, dass das Hechtweibchen
viele Eier gelegt hat. Denn die Larven werden gern
von anderen Wassertieren verspeist. Nur wenige
schaffen es, später zu einem großen Hecht zu werden.

Rohrkolben

Weiden

Erlen

Welche Schwäne außer dem Höckerschwan gibt es noch?

Trauerschwan

Trompeterschwan

Schwarzhalsschwan

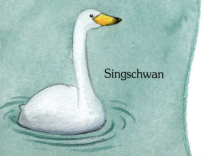
Singschwan

So elegant ist nur der Schwan

Wie König und Königin schwimmen Herr und Frau Höckerschwan am Ufer des Flusses umher. Kein Wunder, denn immerhin sind sie die größten Wasservögel, die es bei uns gibt.

Können sie gut fliegen?
Sehr gut sogar!

Die Spannweite ihrer Flügel kann bis zu zweieinhalb Meter betragen. Laufen können sie dafür nicht so besonders gut.

Schwäne sind mit Enten und Gänsen verwandt, haben aber einen längeren Hals. Damit können sie gut unter Wasser grasen. Das nennt man gründeln.

Was fressen denn diese Langhälse?
Wasserpflanzen gehören zu ihren Lieblingsspeisen.

Schwäne sind sehr treu – ein Schwanenpaar lebt ein Leben lang zusammen.
Heute beginnen Herr und Frau Schwan, ein Nest für den Nachwuchs zu bauen.
Bald ist es so weit und die Schwanenfrau legt fünf Eier in das Nest.
Jetzt heißt es brüten! Vierzig Tage lang. Herr Schwan verteidigt
mit lautem Zischen das Revier. Schließlich schlüpfen die Jungen.
Ihr Gefieder und ihr Schnabel sind grau. Es dauert ungefähr zwei Jahre,
bis sie so stolz und schön sind wie ihre Eltern.

Graureiher teilen gar nicht gern

Aufrecht, auf langen Beinen spaziert der Graureiher am Flussufer entlang. Aufmerksam beobachtet er, was alles vorbeischwimmt oder am Ufer entlanghüpft. Fische mag er am liebsten, aber er interessiert sich auch für Frösche, Schlangen oder Mäuse. Solange kein anderer Graureiher auftaucht, ist er zufrieden.

Warum mag er keine Gesellschaft?
Sind andere da, findet er weniger Futter.

Und weil er hungrige Junge füttern muss, verjagt er jetzt den Eindringling gnadenlos. Er hackt sogar mit seinem spitzen Schnabel nach ihm, bis der Fremde das Weite sucht. Na, bitte!

Nun kann sich der Graureiher beruhigt einen Frosch schmecken lassen. Er schluckt ihn im Ganzen, und so macht er es auch mit den Fischen.
Verdaut wird das Futter erst im Magen.

Jetzt wird es aber höchste Zeit für Herrn Graureiher, seine Frau im Nest abzulösen. Vier Eier hat sie gelegt und die Eltern brüten abwechselnd.
Nach fünfundzwanzig Tagen schlüpfen die Jungen.

Haben die Kleinen schon Federn?
Nein, aber einen flauschigen Flaum.

Der trocknet schnell und ist dann warm und kuschelig. Und wenn Papa und Mama Graureiher auch noch die hungrigen Schnäbel mit Futter stopfen,
ist alles in bester Ordnung.

Wer gehört noch zur Familie der Stelzvögel?

Weißstorch

Rohrdommel

Löffler

Welche Fische leben in Bodennähe?

Zander

Spiegelkarpfen

Aal

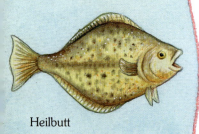
Heilbutt

Ein Fisch mit Bart

Der Wels sieht wirklich wunderlich aus.
Er trägt sechs Bartfäden am Kopf: zwei lange an der Oberlippe, vier kurze an der Unterlippe.

Wozu braucht er die?
Das sind seine Antennen!

Damit kann er nicht nur Gerüche wahrnehmen, sondern auch tasten. Denn der Wels, der auch Waller genannt wird, liebt es dunkel. Er wohnt in der Tiefe, im Schlamm, und ist vor allem nachts unterwegs. Sehen kann er nicht besonders gut, dafür riecht er seine Beute schon von Weitem.
Außer kleineren Fischen frisst er auch Wasservögel, Frösche und kleine Säugetiere wie Ratten oder Mäuse. Dieser Raubfisch hat einfach immer Appetit.
Kein Wunder bei diesen Ausmaßen: Er kann größer als ein Mensch werden und so schwer wie zwei Männer zusammen.

Was macht der Wels tagsüber?
Er verbirgt sich in seinen Schlupfwinkeln in Bodennähe.

Früher hatten die Menschen Angst vor diesem riesigen und böse aussehenden Raubfisch und erzählten sich gruselige Geschichten über ihn.

Liebe Tierfreundin, lieber Tierfreund,

dieses Buch handelt, wie du ja weißt, von Tieren,
die in und an Bächen und Flüssen leben.
Sie brauchen sauberes Wasser und Uferzonen, die mit
Pflanzen und Büschen bewachsen sind.
Ist das Wasser verschmutzt oder sind die Ufer zubetoniert,
werden diese Tiere krank oder finden keine Nahrung mehr.
Und wenn ihr Zuhause zerstört wird, können sie sich auch nicht
mehr fortpflanzen. Dann sterben sie aus.

Einige der Tiere, die ihr jetzt kennengelernt habt, sind bereits gefährdet.
Dazu gehören der Otter, die Wasserspinne, der Biber, der Haubentaucher,
der Feuersalamander und der Eisvogel.

Leider sind es immer wir Menschen, die den Tieren das Leben schwer machen. Wir verschmutzen das Wasser, begradigen und betonieren Fluss- und Bachufer, legen feuchte Wälder, Auen und Moore trocken. Vielleicht werdet ihr jetzt sagen: »Aber wir Kinder können ja nichts dafür.« Das stimmt, aber auch ihr könnt etwas für die Natur tun, zum Beispiel besonders behutsam mit allen Lebewesen umgehen. Dazu gehört, dass ihr kein Tier erschreckt oder ihm Schmerzen zufügt, keine Pflanzen abreißt und keinen Müll wegwerft. Vielleicht seid ihr schon beim Umweltschutz aktiv und habt gemerkt: Naturschützer zu sein, ist nicht nur sehr sinnvoll und ganz einfach, sondern macht sogar Spaß.

Spaß macht es euch vielleicht auch, auf den nächsten Seiten noch ein paar spannende Einzelheiten über Biber, Salamander, Spitzmaus und die Fische zu erfahren.

Stellt euch vor, dem Biber wachsen
auf jedem Quadratzentimeter seiner Haut
12.000 Haare, an manchen Stellen
sogar 23.000.
Bei einem Menschen mit sehr
dichtem Haar sind es dagegen
gerade mal 600.

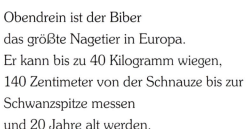

Obendrein ist der Biber
das größte Nagetier in Europa.
Er kann bis zu 40 Kilogramm wiegen,
140 Zentimeter von der Schnauze bis zur
Schwanzspitze messen
und 20 Jahre alt werden.

Ein Feuersalamander kann noch
älter werden als der Biber.
In einem Terrarium wurden manche
Feuersalamander schon 50 bis 60 Jahre alt,
in der freien Natur allerdings nur 20.

Die Knirpsspitzmaus ist eine Verwandte
der Wasserspitzmaus.
Sie gehört mit zu den kleinsten Säugetieren
der Welt und wiegt allerhöchstens
vier Gramm, meistens weniger.

Die Fischweibchen legen sehr viele Eier. Wenn man Bachforelle,
Wels und Hecht wiegt, weiß man auch, wie viele es sind.
Je Kilogramm Körpergewicht legt die Bachforelle ungefähr 1.000
Eier, beim Wels sind es 25.000 und beim Hecht sogar über 40.000.
Wenn nun das Hechtweibchen fünf Kilo wiegt, sind das 200.000 Eier.
Ganz schön viel Nachwuchs!

Der kleine Frosch und seine Freunde

Die großen Verwandlungskünstler in der Natur: Von der Ameise bis zum Schmetterling

Wie wird das Ei zum kleinen Frosch?

Was schwimmt denn da im Teich? Wie heller Wackelpudding mit kleinen schwarzen Punkten sieht das aus.

Was kann das nur sein?
Das ist Froschlaich.

Ein Froschweibchen hat nämlich Eier gelegt und daraus hat sich dieser Laich gebildet. Zum Schutz ist jedes Ei von einer geleeartigen Hülle umgeben.

Ein paar Tage später schlüpfen aus den Eiern schon die Larven. Bald verändern sie ihre Form. Sie werden länger, vorne wächst ein Kopf, hinten ein Schwanz. Auch Kiemen zum Atmen bilden sich – wie bei einem Fisch.
Die Eihüllen schrumpfen.

Und dann? Dann schwimmen kleine Kaulquappen im Teich umher.

Es wachsen ihnen Hinterbeine mit Zehen, später Vorderbeine. Der Schwanz bildet sich zurück. Drei Monate dauert es, bis aus der Kaulquappe ein kleiner Frosch geworden ist, der schwimmen und an Land springen kann. Jetzt atmet er nicht mehr durch Kiemen, sondern durch die Lunge – wie wir Menschen.

Ist der Frosch erwachsen, sucht er sich ein Weibchen. Damit sein Werben auch gehört wird, bläht er seine Schallblase am Hals auf. Dadurch wird sein Quaken noch viel lauter.

Haben sich Männchen und Weibchen gefunden, legt das Weibchen Eier.
Gut, dass es so viele sind. Denn Froscheier und Kaulquappen sind für manche Tiere wie die Libellenlarve ein Leckerbissen.

Welche Tiere trifft der Frosch im Teich?

Wasserläufer

Molche

Gelbrandkäfer

Schnecken

Fische

Welche Tiere im Teich frisst die Larve?

Larven von anderen Insekten

Kleine Krebse

Kleine Fische

Kaulquappen

Würmer

Als die Königslibelle noch eine Larve war

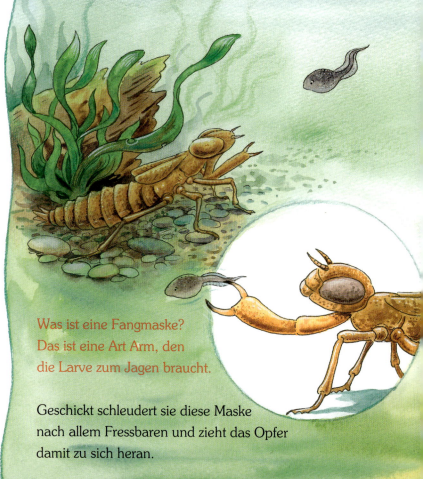

Auf dem Grund des Teiches, versteckt im Schlamm, lauert eine gefräßige Larve. Sie stürzt sich auf alles, was vorbeischwimmt und nicht zu groß für sie ist. So wie diese Kaulquappe! Her damit. Diese wird erbeutet und verspeist.
Die besondere Fangmaske mit Haken ist dabei sehr praktisch. Sie ist am Mund der Larve festgewachsen.

Was ist eine Fangmaske? Das ist eine Art Arm, den die Larve zum Jagen braucht.

Geschickt schleudert sie diese Maske nach allem Fressbaren und zieht das Opfer damit zu sich heran.

Zwei Jahre lebt die Larve im Schlamm.
Während dieser Zeit häutet sie sich immer wieder.
Dann kriecht sie an Land. Dort sucht sie sich einen
Schilfstängel oder einen dünnen Stamm. Daran
krabbelt sie empor und lässt sich trocknen.
Bald reißt ihre Haut an der Brust auf und heraus
schlüpft eine schillernde Königslibelle. Die Libelle ist
eine ebenso geschickte Räuberin wie ihre Larve.

Fängt sie ihre Beute auch unter Wasser?
Nein, sie fängt sie im Flug und frisst sie meist gleich.

Die Libelle fliegt hervorragend. Sie kann sogar
wie ein Hubschrauber bewegungslos in der Luft stehen
und nach Insekten Ausschau halten.
Legt das Weibchen der Königslibelle dann Eier,
werden daraus wieder gefräßige Larven.

Der Wasserläufer geht nicht unter

Was für ein schöner Tag am Teich! Am Ufer dösen die Enten in der warmen Mittagssonne. Alles ist still. Aber einer ist doch unterwegs. Ein langbeiniges Insekt flitzt über das Wasser, ohne unterzugehen. Wie ein Schlittschuhläufer sieht es aus. Doch es ist Sommer und der Teich ist nicht zugefroren.

Was ist das für ein Tier, das übers Wasser laufen kann? Es ist ein Wasserläufer.

Nicht nur am Körper, sondern auch an den Füßen hat der Wasserläufer feine Härchen. Die Luft, die sich zwischen diesen Härchen sammelt, trägt ihn auf dem dünnen Häutchen der Wasseroberfläche. Diese Haut, die mit bloßem Auge nicht zu sehen ist, entsteht durch Wasserteilchen, die sich gegenseitig anziehen. Man nennt das Oberflächenspannung.

Welche Insekten verzehrt der Wasserläufer?

Alle, die ins Wasser gefallen sind:

Fliegen

Blitzschnell jagt der Wasserläufer dahin, vor allem, wenn ein Insekt ins Wasser fällt. Das wird mit dem Rüssel angestochen und ausgesaugt.
Vier Wochen ist es her, da hat das Weibchen des Wasserläufers an verschiedenen Schilfhalmen nahe der Wasseroberfläche seine Eier abgelegt. Kaum sind die Larven ausgeschlüpft, jagen sie gleich mit.

Wespen

Verpuppen sich die Larven?
Nein, sie häuten sich vier- bis fünfmal.

Nach jedem Häuten wird die Larve dem Wasserläufer ähnlicher, so lange, bis sie ausgewachsen ist.
Dann kann sie sogar fliegen.

Käfer

Schmetterlinge

Kleine Raupe, großer Schmetterling

Was für ein Gewimmel auf den Brennnesseln. Viele kleine schwarze Raupen sitzen da und knabbern von früh bis spät Löcher in die Blätter.
Sie haben einen Riesenappetit.

Woher kommen die kleinen Raupen?
Vor Kurzem sind sie aus den Eiern geschlüpft, die das Weibchen des Tagpfauenauges gelegt hat.

Am Anfang waren die Raupen winzig klein und grün-weiß. Inzwischen sind sie gewachsen und haben schon drei- bis viermal ihre Haut abgestreift. Jetzt sehen sie ganz anders aus. Sie sind kohlrabenschwarz und haben weiße Punkte.

Drei bis vier Wochen haben die Raupen nun gefressen. Langsam wird es Zeit zum Verpuppen. Die Raupe sucht sich einen Stängel an einem geschützten Platz. Daran krabbelt sie empor. Nun spinnt sie sich Fäden und hält sich mit ihren hinteren Beinen daran fest. Zwei Tage später häutet sie sich zum letzten Mal.

Welche Schmetterlinge gibt es bei uns?

Schwalbenschwanz

Bläuling

Admiral

Was kommt da unter der Haut hervor?
Eine feste Kapsel – die Schmetterlingspuppe.

Zitronenfalter

Darin wächst nun der Schmetterling heran mit allem, was er braucht: Körper, Flügel, Fühler und Beine. Wird es ihm in der Puppenhülle zu eng, sprengt er sie auf und heraus schlüpft ein buntes Tagpfauenauge. Dann ist es so weit. Der Schmetterling schwebt davon.

Welche Insekten sehen Honigbienen ähnlich?

Schwebfliegen

Hummeln

Wespen

Hornissen

Kaum geschlüpft, wird die Biene fleißig

Da ist sie! Die kleine Biene durchnagt den Wachsdeckel ihrer Zelle und kriecht heraus.

Was hat die Biene in der Zelle gemacht? Sie ist herangewachsen und hat sich in eine fertige kleine Biene verwandelt.

Zuerst war sie ein Ei, das die Bienenkönigin in die Zelle gelegt hat.

Dann schlüpfte aus dem Ei eine Larve.

Die hat sich verpuppt.

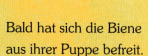

Bald hat sich die Biene aus ihrer Puppe befreit.

Jetzt verlässt sie die Zelle.
Sie bewegt ihre Flügel, ihre Beine und ihre Fühler.
Nichts fehlt an ihr.
Sie ist eine kleine Biene mit allem Drum und Dran.
Und sie wird gleich von einer Arbeiterin gefüttert.

Was macht die kleine Biene jetzt?
Sie fängt an zu arbeiten.

Denn im großen Bienenstaat helfen alle mit.
Die kleine Biene füttert die Larven mit süßem Blütensaft,
dem Nektar. Sie verschließt die Zellen der Puppen
mit Wachs. So kann sich in der Puppe in Ruhe
eine neue Biene entwickeln. Ob die kleine Biene
bald aus dem Bienenstock hinausfliegen
und selbst Nektar sammeln wird? Bestimmt!

Welche Heuschreckenarten gibt es?

Stabschrecke

Wandelndes Blatt

Gottesanbeterin

Grashüpfer

Das Grüne Heupferd braucht keine Puppe

Es ist Herbst geworden im Park. Das sommerliche Gezirpe der Grünen Heupferde ist längst vorbei. Aber unterwegs sind sie trotzdem noch. Gerade hüpft eines über die Wiese.

Wohin will es denn?
Es ist ein Weibchen, das einen guten Platz zum Eierlegen sucht!

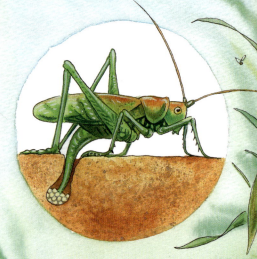

Hat es einen gefunden, gräbt es mit seinem langen Legestachel ein Loch in die Erde. Da kommen die Eier hinein.
Bis zum nächsten Frühjahr ruhen sie dort gut geschützt.
Sobald es wärmer wird, schlüpfen Larven aus den Eiern. Bis sie ausgewachsen sind, häuten sie sich ungefähr zehn Mal.

Warum häuten sich die Larven?
Wenn sie wachsen, wird ihnen
ihre Haut zu eng.
Dann streifen sie diese ab.

Nach jeder Häutung wird die Larve dem Heupferd ähnlicher. Schon nach dem ersten Mal erkennt man den Ansatz von Flügeln. Eines Tages wird die letzte Haut abgestreift und ein Heupferd mit langen Fühlern und kräftigen Hinterbeinen sitzt im Gras. Das Heupferd kann einige Meter weit und über einen Meter hoch springen.

Das Männchen kann außerdem laut zirpen. Damit sucht es ein Weibchen. Bald wird auch dieses Weibchen Eier legen.

Ein Schlaraffenland für den Apfelwickler

Ein prächtiger Apfel hängt am Baum. In ihm versteckt sich ein heimlicher Bewohner, nämlich die kleine Larve eines Falters. Es ist die Larve des Apfelwicklers. Tagaus, tagein frisst sie das süße Fruchtfleisch, in dem sie sitzt – ganz wie im Schlaraffenland.

Frisst die Larve ihr Leben lang?
Nein. Wenn sie satt ist, verlässt sie den
Apfel und geht auf Wanderschaft.

Geschickt seilt sie sich an einem dünnen Faden, den sie selbst spinnt, vom Baum ab.
Ist der Apfel aber schon abgefallen und liegt am Boden, hat es die Larve noch einfacher.
Sie klettert einfach aus dem Apfel heraus und krabbelt an der Baumrinde empor.

Warum macht sie das?
Weil sie sich an einem windgeschützten Platz in ihre eigenen Fäden einwickelt und überwintert.

Erst im Frühjahr verpuppt sich die Larve.
Und ein paar Monate später verlässt ein kleiner unscheinbarer Schmetterling die Puppe.
Die Weibchen des Apfelspinners legen dann in die Apfelblüten ihre Eier. Und die Larven fressen dann wiederum die Äpfel – und manchmal auch anderes Obst.
Sehr zum Ärger der Menschen.

Welche Schmetterlinge sind ebenfalls Schädlinge?

Kohlweißling

Nonne

Pappelspinner

Frostspanner

Welche Tiere fallen in den Trichter des Ameisenlöwen?

Spinnen

Kleine Käfer

Asseln

Tausendfüßler

Der Ameisenlöwe gräbt eine Falle

Mitten auf dem Weg, auf dem die kleine Ameise gerade unterwegs ist, tut sich ein Trichter auf. Den hat der Ameisenlöwe gegraben – als Falle für seine Beute.

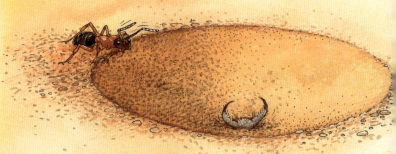

Der Ameisenlöwe ist aber kein Löwe, sondern die Larve eines kleinen libellenartigen Insekts. Besonders freundlich sieht der Ameisenlöwe mit seinen Borsten nicht aus.

Also Vorsicht, kleine Ameise, damit du dem Ameisenlöwen nicht direkt vor seine Zangen rutschst!

Manchmal schleudert der Ameisenlöwe aus seinem Trichter heraus sogar noch mit Sand.

Warum macht er das?
Damit seine Beute ihm
ja nicht entkommt,
sondern in den Trichter fällt.

Gegen Ende des Frühlings verpuppt sich der Ameisenlöwe dann zu einer Kugel, die er aus Sandkörnchen zusammenklebt.

Und was passiert jetzt?
Aus dem verpuppten Borstentier wird
eine schlanke, schöne Ameisenjungfer.

Die fliegt mit ihren langen, durchsichtigen Flügeln
in der Dämmerung umher und sucht sich Nahrung.
Blattläuse sind ihr am liebsten.

Nachwuchs im Ameisenhügel

Ist das ein riesiger Ameisenhügel!
Er ist das Zuhause von vielen Roten Waldameisen.
Sie unterscheiden sich kaum voneinander.
Bis auf eine.
Sie ist viel größer als alle anderen.

Warum ist das so?
Weil sie die Königin ist.

Soldatinnen verteidigen das Nest gegen Wespen und andere Feinde.

Arbeiterinnen bauen den Ameisenhügel und versorgen die Brut.

Sammlerinnen schaffen das Futter heran.

Nur die Königin kann Eier legen.
Ohne Eier gibt es keinen Nachwuchs.
Und der ist wichtig für die verschiedenen
Aufgaben im Ameisenstaat.

Die Arbeiterinnen kümmern sich von früh bis spät um die Eier. Jedes einzelne Ei wird hin- und hergedreht, damit es nicht austrocknet. Geschieht das doch einmal, leckt die Ameise das Ei ab. Jetzt ist es wieder feucht.

Welche Ameisen gibt es bei uns?

Schwarze Waldameise

Blutrote Raubameise

Gelbe Wiesenameise

Was kommt aus dem Ei? Eine Larve.

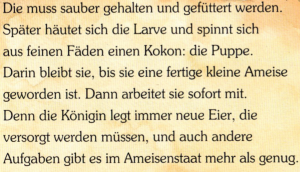

Die muss sauber gehalten und gefüttert werden. Später häutet sich die Larve und spinnt sich aus feinen Fäden einen Kokon: die Puppe. Darin bleibt sie, bis sie eine fertige kleine Ameise geworden ist. Dann arbeitet sie sofort mit. Denn die Königin legt immer neue Eier, die versorgt werden müssen, und auch andere Aufgaben gibt es im Ameisenstaat mehr als genug.

Wegknotenameise

Der Hirschkäfer lässt sich Zeit

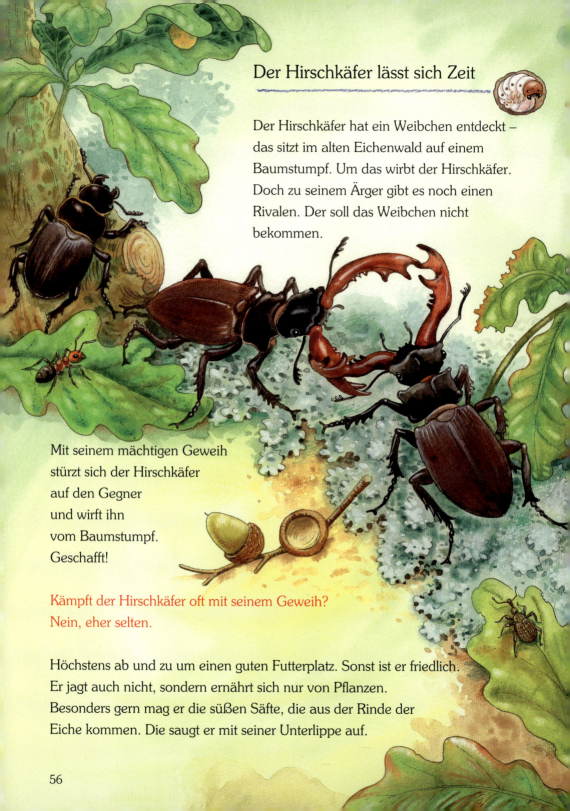

Der Hirschkäfer hat ein Weibchen entdeckt – das sitzt im alten Eichenwald auf einem Baumstumpf. Um das wirbt der Hirschkäfer. Doch zu seinem Ärger gibt es noch einen Rivalen. Der soll das Weibchen nicht bekommen.

Mit seinem mächtigen Geweih stürzt sich der Hirschkäfer auf den Gegner und wirft ihn vom Baumstumpf. Geschafft!

**Kämpft der Hirschkäfer oft mit seinem Geweih?
Nein, eher selten.**

Höchstens ab und zu um einen guten Futterplatz. Sonst ist er friedlich. Er jagt auch nicht, sondern ernährt sich nur von Pflanzen. Besonders gern mag er die süßen Säfte, die aus der Rinde der Eiche kommen. Die saugt er mit seiner Unterlippe auf.

Welche Käfer leben noch im Wald?

Der Hirschkäfer ist der größte Käfer bei uns. Aber auch er hat klein angefangen.

Wie klein war er?
Er war zuerst ein Ei, aus dem eine Larve geschlüpft ist.

Und diese Larve schläft und frisst dann erst einmal fünf, manchmal sogar sieben Jahre lang unter der Erde.

Maikäfer

Ihre Nahrung besteht aus winzig kleinen Pilzen, die auf modernden Rindenstückchen der Eichen im Erdboden zu finden sind. Nach den vielen Jahren wird es für die Larven Zeit, sich zu verpuppen.
Dann dauert es gar nicht mehr lang und der Hirschkäfer mit seinem fertigen Geweih oder das Hirschkäferweibchen ohne Geweih schlüpft aus der Puppe und krabbelt an die Erdoberfläche. In der Dämmerung kann man die großen Käfer fliegen sehen.

Mistkäfer

Rüsselkäfer

Goldlaufkäfer

Welche Meeresbewohner trifft der Aal auf seiner langen Reise?

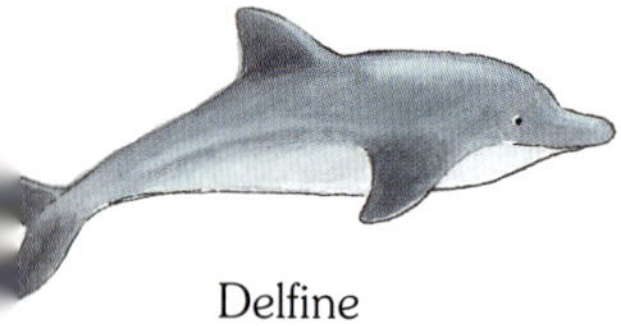

Delfine

Kraken

Haie

Wale

Die lange Reise der Aale

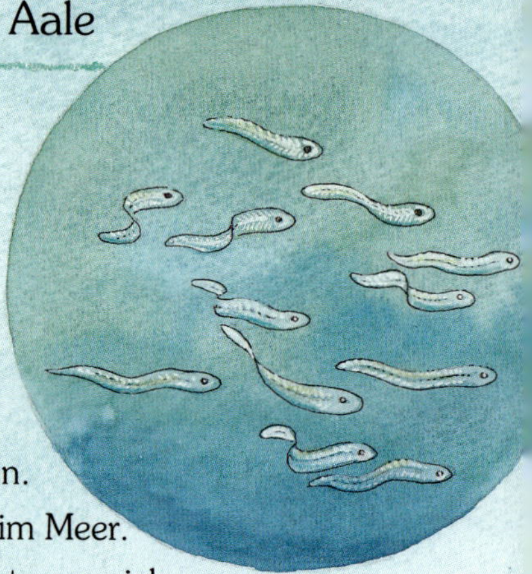

Im großen, weiten Meer
lassen sich viele kleine
Tiere im Wasser treiben.
Wie Weidenblätter sehen
sie aus. Deshalb nennt
man sie Weidenblattlarven.
Drei Jahre verbringen sie im Meer.
Bis sie endlich unsere Küsten erreichen,
haben sie viele Tausend Kilometer zurückgelegt.
Erst dann verwandeln sich die Larven in kleine Fische.

Was für Fische werden sie?
Sie werden zu Aalen.

Für die jungen Aale geht die Reise aber noch weiter.
Sie verlassen das salzige Meer und suchen sich Flüsse und Seen.
Sie ziehen also ins Süßwasser um. Weil Aale Luft nicht nur über die Kiemen,
sondern auch über die Haut aufnehmen, können sie sich sogar über
feuchtes Land fortbewegen.

Haben sie denn Beine?
Nein, sie kriechen wie Schlangen vorwärts.

Erwachsene Weibchen können über einen Meter lang
und bis zu 15 Jahre alt werden. Wenn es für sie
an der Zeit ist, Eier zu legen, schwimmen sie wieder
ins Meer hinaus. Und zwar bis dorthin, wo sie als
Weidenblattlarven ihre lange Reise begonnen haben.
Hier laichen die Weibchen dann und damit ist
ihr Leben zu Ende.

Wer lebt noch auf dem Meeresboden?

Hummer

Auster

Miesmuscheln

Krabbe
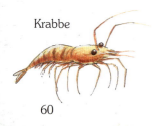

Ein neuer Panzer für den Taschenkrebs

Munter wie kleine Fische schwimmen die Taschenkrebs-Larven durchs Wasser. Vier Mal ändern sie ihre Gestalt und bald erkennt man, was aus den Larven werden wird. Nämlich Krebse.
Ihnen wächst ein Panzer, den sie aber immer wieder abwerfen müssen, wenn sie wachsen.

Wo kommt der neue Panzer her?
Unter dem zu klein gewordenen Panzer sitzt bereits ein größerer.

Anders als die Larven verziehen sich die ausgewachsenen Taschenkrebse lieber auf den Meeresboden.

Was machen sie da?
Sie suchen nach Nahrung.

Mit ihren kräftigen Zangen können die Tiere
ordentlich zupacken und Muscheln oder Panzer
von kleineren Krebsen spielend leicht knacken.
Erst wenn sie vier Jahre oder älter sind,
paaren sich die Krebse. Aber bis das Weibchen dann
die Eier legt, dauert es noch einmal ein halbes Jahr.
So lange bewahrt es die Eier unter dem Panzer auf.
Aus diesen Eiern schlüpfen später wieder Larven.

Was der Seestern alles kann

Der Wind jagt übers Meer und die Wellen türmen sich.
Den winzigen Larven, die soeben aus ihren Eiern geschlüpft sind,
macht das gar nichts aus. Sie schwimmen nicht selbst,
sondern lassen sich einfach vom Wasser tragen.
Fressen können sie aber schon prima. Sie verzehren Pflanzenteile und Tierchen,
die noch winziger sind als sie selbst. Bald fangen die Larven zu wachsen an.

Was wird aus diesen Larven?
Daraus werden Seesterne.

Und die sehen ganz anders aus als die Larven.
Nach und nach wachsen ihnen fünf Arme.
Auf der Unterseite entwickeln sich viele
kleine Saugfüßchen. Die braucht der
Seestern, sonst käme er nicht vom Fleck.
Will er sich auf dem Meeresboden
fortbewegen, streckt er den Arm in eine Richtung.
Die Füßchen saugen sich an einem Felsen oder Stein
fest und ziehen so den Rest des Körpers weiter.

Wie ernährt sich der Seestern?
Durch die Mundöffnung an seiner Unterseite.

Aus der kann er sogar seinen Magen herausstülpen, wenn es nötig wird.
Trifft ein Seestern nämlich auf seine Lieblingsnahrung, eine Muschel, wird sie mit den kräftigen Füßchen einen Spaltbreit geöffnet. Zwischen die Muschelschalen schiebt der Seestern seinen Magen.

Ist die Muschel verspeist, zieht der Seestern den Magen wieder in sein Inneres zurück – bis zur nächsten Mahlzeit.

Mit welchen Tieren ist der Seestern verwandt?

Mit dem Seeigel

Mit der Seewalze

Mit der Seelilie

Mit dem Schlangenstern

Hallo, liebe Tierfreundin, lieber Tierfreund,

dieses Buch handelt – bestimmt hast du es bemerkt – von Verwandlungen. Das ist spannend und geheimnisvoll zugleich: Aus einem Ei schlüpft eine Raupe. Die häutet sich mehrmals. Wenn die Raupe sich dann verpuppt, bleibt von ihrer früheren Gestalt rein gar nichts mehr übrig. Aus der Puppe schlüpft schließlich ein völlig anderes Tier, nämlich ein Schmetterling. Diese Verwandlung nennt man Metamorphose.

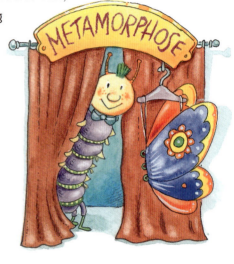

Aber es gibt auch Verwandlungen, die einfacher verlaufen. Wie zum Beispiel beim Grünen Heupferd. Die Larve verpuppt sich nämlich nicht, sondern häutet sich nur. Und schon nach dem ersten Häuten kann man erahnen, welches Tier daraus werden wird.

Über alle Tiere, die du jetzt kennengelernt hast, gäbe es noch viel mehr zu berichten. Aber hier nur ein paar spannende Einzelheiten.

Weißt du, wie viele Froscharten es auf der Welt gibt?

Ungefähr 2.500 verschiedene Frösche. Einer der größten Frösche ist der Goliathfrosch aus Afrika. Der misst 30 Zentimeter und wiegt drei Kilogramm. Einer der kleinsten Frösche lebt auf einer Inselgruppe im Indischen Ozean. Er ist nicht größer als eine Erbse. Der lauteste Frosch ist der Ochsenfrosch. Er heißt deshalb so, weil er angeblich so laut quaken kann, wie ein Ochse brüllt. Ihn gibt es unter anderem in Nord- und Südamerika.

Weißt du, warum ein Frosch glitschig ist?

Weil er nicht nur mit dem Maul, sondern auch mit der Haut trinkt.

Weißt du, warum Libellen ganz besondere Flugkünstler sind?

Im Gegensatz zu anderen Insekten können sie ihre vorderen und hinteren Flügel unabhängig voneinander bewegen. Darum können sie nicht nur in der Luft stehen, sondern sogar rückwärts fliegen.

Weißt du, wie viele Eier ein Taschenkrebsweibchen auf einmal legen kann?
Bis zu drei Millionen Eier. Das soll mal jemand nachmachen!

Weißt du, was den Wasserläufer vor kaltem Wasser schützt?
Er ist von oben bis unten mit einer Wachsschicht umgeben – wie ein Taucher mit einem Neoprenanzug.

Weißt du, wie groß der größte Schmetterling der Welt ist?
Es ist ein Nachtfalter aus Südamerika.
Seine Flügelspannweite kann bis zu 32 cm betragen. Das ist so groß wie eines deiner großen Schulhefte. Der größte Tagfalter schwirrt tagsüber in Madagaskar umher und ist fast ebenso groß.
Der kleinste Nachtfalter misst dafür nur zwei Millimeter.
Er lebt auf den Kanarischen Inseln. Und der kleinste Tagfalter ist auch nicht viel größer, nämlich sieben Millimeter.
Den gibt es in Afghanistan.

Weißt du, wie es möglich ist, dass die Weibchen der Aale, ohne zu fressen, viele Tausend Kilometer zurücklegen und dabei bis zu einem Jahr unterwegs sind?

Das schaffen sie nur, weil sie sich im Laufe ihres Lebens bis zu einem Drittel ihres Körpergewichts Fett anfressen. Davon zehren sie. Den Grund für ihre lange Reise kennst du ja bereits.

Weißt du, wie sich das Tagpfauenauge vor Feinden schützt?

Wenn das Tagpfauenauge ruht, klappt es seine Flügel zusammen. Droht aber Gefahr, klappt es schnell die Flügel auseinander und zeigt die großen »Pfauenaugen«. So riesige Augen haben eigentlich nur große und gefährliche Tiere . . .

Weißt du, dass das Grüne Heupferd sehr nützlich ist?

Es ernährt sich vor allem von Insekten. Im Gegensatz dazu gibt es Wander-Heuschrecken. Sie treten vor allem in Afrika in Schwärmen auf und fressen die Pflanzen, die die Menschen mühsam angebaut haben, mit Stumpf und Stiel.

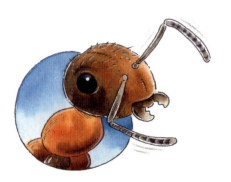

Wie leben die kleinen Waldameisen?

Eine Rote Waldameise wird Königin

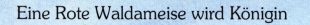

So ein Durcheinander im Ameisenhügel! Was ist hier nur los?
In allen Gängen rennen geflügelte Ameisen hin und her.
Und Ameisen ohne Flügel versuchen, sie zu den Ausgängen zu scheuchen.

Warum dürfen die geflügelten Ameisen
nicht drinnen bleiben?
Weil sie auf Hochzeitsflug gehen müssen.

Dafür haben die Männchen und Weibchen ihre Flügel.
Ohne Hochzeitsflug gibt es keinen Nachwuchs.

Die Ameisen ohne Flügel sind die Arbeiterinnen.
Sie haben die Aufgabe, ihre geflügelten Schwestern
und Brüder hinauszudrängen. Gleich ist es so weit.
Alle geflügelten Ameisen erheben sich in die Luft.

Was machen sie dann?
Die Männchen und die Weibchen paaren sich.

Für die Männchen ist das Leben damit bald zu Ende.
Nicht aber für die Weibchen. Nach der Paarung
werden sie zu Ameisenköniginnen.
Jetzt können sie Eier legen
und damit einen
neuen Staat gründen –
wie die junge Ameisenkönigin.

Wie unterscheiden sich die Ameisen?

Die Männchen sind geflügelt und größer als die Arbeiterinnen.

Die Weibchen sind nur anfangs geflügelt und haben einen größeren Hinterleib als die Arbeiterinnen. Sie werden später zu Königinnen.

Die Arbeiterinnen sind klein und haben kräftige Kieferzangen.

Eine Königin ohne Königreich

Die junge Ameisenkönigin ist ganz allein unterwegs. Gleich nach der Paarung hat sie sich mit den Vorderbeinen ihre Flügel abgebrochen. Die braucht sie nun nicht mehr. Denn als Königin wird sie ihren Ameisenstaat nie mehr verlassen.

Was ist denn das? Ein Ameisenlöwe hat einen Trichter in den Sand gegraben und wartet auf Beute. Schnell flüchtet die Ameisenkönigin.

Nicht weit entfernt versteckt sich unter einer Rinde ein Tausendfüßler. Auch er hat Appetit.

Hilfe! Hilfe!
Kann die Ameisenkönigin ihren Feinden entkommen?
Ja, sie schafft es.

Welche Feinde haben Ameisen?

Ameisenlöwen und Libellen

Vögel

Kröten und Schlangen

Springspinnen

Ameisen feindlicher Stämme

Endlich findet sie einen morschen Baumstumpf an einem sonnigen und trockenen Hang. Hier gräbt die Königin eine kleine Nestkammer, schichtet Holzstücke und Nadeln darauf und legt die ersten Eier.
Bald muss sie ihren Nachwuchs versorgen:
die Eier, Larven und Puppen.
Was für eine anstrengende Arbeit!

Der Ameisenbau wächst

Der kleine Nesthügel, den die Königin angelegt hat, ist verschwunden.
Stattdessen ragt ein stattlicher Ameisenhügel empor.
Und der wird immer noch größer.

Baut den auch die Königin?
Nein, das erledigen die Ameisen,
die schon geschlüpft sind.

Sie schleppen Erdkrumen, Baumnadeln, Ästchen und Moos herbei
und schichten alles übereinander. Immer höher, bis eine Kuppel entsteht.
Die schützt den unterirdischen Bau vor Hitze und Kälte.
Wie die Maulwürfe haben die Ameisen unter der Erde Gänge
und Kammern gegraben. Diese werden so angelegt, dass der Bau immer
gut belüftet ist und dass es darin auch bei heftigem Regen trocken bleibt.

Womit graben die Ameisen denn?
Sie graben vor allem mit ihrem Oberkiefer.

Ihre Mundwerkzeuge sind so kräftig, dass sie als Schaufel taugen.
Aber auch als Zangen, mit denen die Tiere Erdkrumen
herausreißen und abtransportieren. Sogar mit den dünnen
Vorderbeinen graben sie.
Geschützt hinter festen Wänden legt die Königin nun ihre Eier.

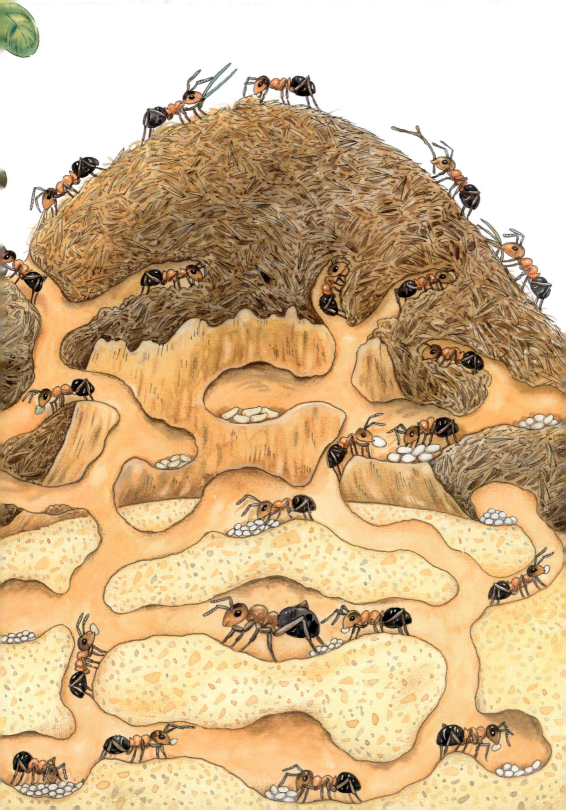

Wie entwickelt sich eine Ameise?

Ei

Larve

Häutung

Kokon (Puppe)

Ameise

Ein großer Staat braucht Nachwuchs

Der Ameisenhügel ist das Nest der Ameisen. Dort leben sie alle zusammen. Die Königin legt die Eier. Das ist ihre einzige Aufgabe. Um alles andere kümmern sich ihre Untertanen – die Arbeiterinnen.

Was passiert mit den Eiern? Die tragen die Arbeiterinnen in die Brutkammern.

Ständig drehen die Arbeiterinnen die Eier hin und her, damit sie nicht zu trocken werden. Passiert dies doch einmal, werden die Eier abgeleckt.

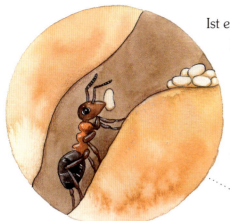

Ist es zu warm, wird ihnen mit Fühlern und Beinen Luft zugewedelt. Und wenn es gar zu heiß wird, hilft nur, die Brut in kühlere Kammern zu schleppen.
Bei Kälte und Feuchtigkeit dagegen kommt die Brut in die oberen, wärmeren Stockwerke.

Kaum schlüpfen aus den Eiern die winzigen Larven, werden sie von Mund zu Mund gefüttert und gesäubert.
Sie häuten sich mehrmals.

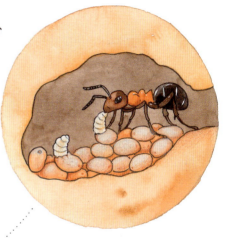

Schließlich spinnen sie aus feinen Fäden einen Kokon. Daraus schlüpfen nach einigen Wochen die Ameisen.
Bis ihr Panzer ganz fest ist, werden sie noch umsorgt. Dann verlassen sie die Kinderstube und stürzen sich in die Arbeit.

Jede Ameise hat ihre Aufgabe

Ganz früh am Morgen wird es im Ameisenbau lebendig.
Die Arbeiterinnen sind in den Brutkammern beschäftigt.
Die Bauameisen suchen nach Baumaterial.
Und die Soldatinnen haben ihren Wachposten eingenommen.

Was machen die Soldatinnen?
Sie verteidigen das Nest.

Überfälle gibt es nämlich oft.
Schleicht sich da nicht eine Spinne an?

Die hat wohl Appetit auf Ameiseneier.
Die Soldatinnen stürzen sich auf den Eindringling.
Sie zwicken ihn mit ihren Kieferzangen und sprühen ätzende Ameisensäure in die Bisswunden.
Die Spinne ergreift die Flucht.

Auch die Sammlerinnen
sind bereits unterwegs auf
ihren Ameisenstraßen.
Sie erkennen alle ihre Wege
an den Duftspuren ihres Volkes.
Es ist der Duft der Königin.
Ohne diesen Geruch würden
sie sich verlaufen.

Was suchen die Sammlerinnen?
Sie suchen Nahrung.

Der Speisezettel der Ameisen ist abwechslungsreich.
Sie verzehren nämlich alles. Schon haben die Sammlerinnen
einen toten Käfer gesichtet. Die Beute wird sofort in den Bau geschleppt.
Pflanzensäfte und weiche Nahrung verstauen die Sammlerinnen in ihrem Kropf.
Daheim wird das gesammelte Futter mit den anderen geteilt.
So werden im großen Ameisenstaat alle satt.

Was fressen die Ameisen?

Käfer und Spinnen

Raupen und Maden

Honigtau, Samen und Wurzeln

Früchte und Pilze

Wozu sind die Fühler gut?

Was wäre eine Ameise ohne ihre Fühler?
Sie könnte nicht einmal mitteilen,
dass sie Hunger hat und gefüttert werden will.

Und wie macht sie das?
Sie betrillert mit ihren Fühlern
den gefüllten Kropf der Sammlerin.

Die versteht sofort, was die hungrige Ameise will,
und gibt einen Tropfen Futter ab. Wie lecker!

Wozu brauchen die Ameisen ihre Fühler noch?
Zum Riechen und Tasten.

Schwebfliege

Ameisen nehmen mit den Fühlern den Geruch
ihres Staates wahr.
Sie erkennen aber auch jede Art von Feind.
Wie zum Beispiel die Schwebfliege, die ihre Eier gern
in Ameisennestern ablegt. Wenn deren Larven ausschlüpfen,
fressen sie die Ameiseneier. Also muss die Schwebfliege
rechtzeitig verjagt werden.

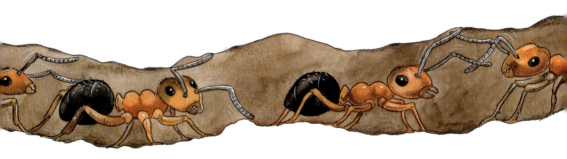

Außerdem sind die Fühler feinste Tastwerkzeuge.
So spüren die Ameisen, ob es im Bau zu feucht oder zu trocken ist.
Sie finden damit auch ihren Weg im Dunkeln.
Mit ihren Fühlern kommen die Ameisen überall wunderbar zurecht.

Welche Waldschädlinge werden von den Ameisen gefressen?

Buchdrucker:
Raupe, Larve und Käfer

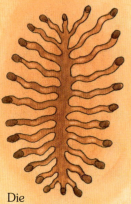

Die Buchdruckerlarve hinterlässt im Holz ihre Fressspuren.

Raupe des Kiefernspanners

Puppe

Kiefern-
spanner

Jetzt kommt die Waldpolizei

Raupen, überall Raupen! Sie haben es auf die Nadeln
und Blätter der Bäume abgesehen.
Die wollen sie kahl fressen.
Wie gut, dass es Ameisen gibt. Schon haben die
Sammlerinnen die Raupen entdeckt.
Was für ein köstliches Futter!
Das darf man sich nicht entgehen lassen.

Was machen die Sammlerinnen jetzt?
Sie rufen andere Ameisen zu Hilfe,
weil sie die Raupen nicht allein erbeuten können.

Aufgeregt schlagen sie mit den Fühlern
und schniggen mit den Beinen.
Dazu geben sie zarte Töne von sich.
Die erzeugen sie, indem sie
ihre feinen Panzerteile aneinanderreiben.
Jetzt wissen die anderen Ameisen Bescheid
und strömen in Scharen aus dem Nest.

Eine Raupe nach der anderen wird überwältigt
und in den Ameisenbau geschleppt.
Ameisen können viel mehr tragen, als sie selbst wiegen.
Ja, sie sind ganz schön stark.

Ameisen halten Kühe

Blattläuse haben es gut. Sie werden von den Ameisen gehegt und gepflegt, dafür geben sie ihnen ihren Honigtau. Schon macht sich wieder ein Trupp Ameisen auf den Weg zur Blattlauskolonie.
Die Läuse leben auf Pflanzen und saugen an jungen Trieben und Blütenknospen. Kaum sind die Ameisen bei ihren »Kühen« angekommen, fangen sie schon an, sie zu melken.

Haben die Blattläuse denn Euter?
Nein, das haben sie nicht.

Die Ameisen melken mit den Fühlern und den Vorderbeinen.
Sachte streichelt die Sammlerin über den Hinterleib der Laus.
Das macht sie so lange, bis die einen kleinen Tropfen
süßen Honigtau abgibt. Den saugt die Ameise in ihren Kropf ein.

Blattlaus für Blattlaus wird so behandelt.
Gibt die Laus zu wenig süßen Saft ab, wird sie von der Ameise
zu einer besseren Futterstelle getragen.
Weil die Läuse so gut behandelt werden, vermehren sie sich stark.
Das freut auch den Marienkäfer.

Melkt der sie auch?
Nein, er frisst sie.

Das gefällt den Ameisen aber gar nicht.
Also beschützen die Ameisen
ihre Blattläuse.
Verschwinde, kleiner Marienkäfer!
Sonst zwicken dich die Ameisen
und bespritzen dich mit ihrer
ätzenden Säure.

Das Heer der Blutroten Raubameisen

Soldatinnen haben Blutrote Raubameisen gesichtet. Das sind keine friedlichen Nachbarn. Nein, die Blutroten Raubameisen sind richtig gefährlich. Meistens marschieren sie in kleinen Gruppen und erkunden die Gegend. Haben sie ein lohnendes Ziel ausgekundschaftet, vereinigen sie sich zu einem Heer. Jetzt droht ein überraschender Angriff.

Warum greifen die Blutroten Raubameisen an?
Sie wollen den Roten Waldameisen die Puppen stehlen.

Sind die kleinen Waldameisen dann geschlüpft, müssen sie als Sklaven für die Blutroten Raubameisen arbeiten. Das darf nicht sein. Also alle Ameisen an die Ausgänge!

Schon nähert sich das Heer der Blutroten Raubameisen. Ein wilder Kampf entbrennt. Manche Tiere werden verletzt oder sterben sogar. Einige Raubameisen fliehen mit Puppen zwischen ihren Kieferzangen. Doch endlich ist der Kampf vorbei und es kehrt wieder Ruhe ein in den Bau der Roten Waldameisen.

Welche Ameisenarten gibt es bei uns?

die Schwarze Rossameise

die Rote Gartenameise

die Gelbe Wegameise

die Glänzendbraune Gastameise

Schlauer, fauler Käfer

Wer kommt denn da angelaufen? Ein kleiner, dicker Käfer.
Ob er gefährlich ist? Wohl kaum. Aber er ist schlau.

Mehr noch, er ist durchtrieben. Er legt sich doch glatt auf
den Rücken und streckt seine Beine in die Luft.

Warum macht er das?
Er bettelt um Futter.

Er ist nämlich zu faul, für sich selbst Nahrung zu suchen.
Und er weiß, wie er die fleißigen Ameisen dazu bringen kann,
ihm Futter zu geben. Er streichelt sie, so wie es die hungrigen Ameisen
bei den Sammlerinnen machen.

Dann können sie nicht anders und geben ihm Futter aus ihrem Kropf.
Aber er bettelt weiter.
So lange, bis sie ihn in ihren Bau tragen.
Dort lässt er sich nach Herzenslust verwöhnen und vertilgt auch noch
die Eier und Larven der Ameisen.

Und im Winter, wenn die Ameisen Winterschlaf halten?
Dann zieht er weiter . . .

. . . zu den kleineren Verwandten der Großen Roten Waldameisen.
Die füttern den Schmarotzer durch den Winter. Na, so was!

Welche Tiere sind nachts im Wald unterwegs?

das Wildschwein

der Fuchs

der Dachs

der Baummarder

die Eule

Eine stürmische Nacht

Was für ein Gewitter! Es donnert und blitzt und regnet in Strömen. Hoffentlich sind alle Ausgänge vor den Sturzbächen sicher. Die Ameisen sorgen sich um ihre Brut.

Dringt wirklich kein Wasser in den Bau? Doch. Darum müssen in Windeseile zwei Ausgänge gesichert werden.

Also alle wieder an die Arbeit. Denn sonst laufen die Brutkammern voll Wasser. Aber kaum ist diese Gefahr gebannt, fängt die ganze Ameisenstadt zu schwanken an.

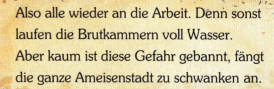

Gibt es ein Erdbeben?
Nein, ein Wildschwein ist da.

Es hat Hunger und gräbt nach Wurzeln.
Mit seinem Rüssel wühlt es bis
in die unteren Gänge.
Hilfe! Der ganze Ameisenstaat
ist in Aufruhr.
Schnell werden Eier, Puppen und
Larven in sichere Kammern gebracht.

Das Wildschwein findet nichts
Essbares und zieht weiter.
Zum Glück!

Wer schlüpft noch bei den Ameisen unter?

Webspinnen

Raupen der Bläulinge

Verschiedene Asselarten

Ein Ameisenvolk zieht ein

Das Völkchen der Glänzendbraunen Gastameise bittet um Aufnahme.
Die Waldameisen haben nichts dagegen.

Was wollen die Gastameisen bei den Waldameisen?
Sie gründen im großen Ameisenbau ihren eigenen Staat.

Denn bei den vielen, starken Waldameisen finden sie Schutz und Wärme.
Wenn sie darum bitten, bekommen die kleinen Gäste sogar ein bisschen Nahrung. Dann reckt sich die winzige Gastameise hoch und streichelt den Kopf der Waldameise mit ihren Fühlern und Vorderbeinen.
Die Wirtsameise lässt den Tropfen auf die vorgestreckte Zunge der kleinen Ameise fallen.

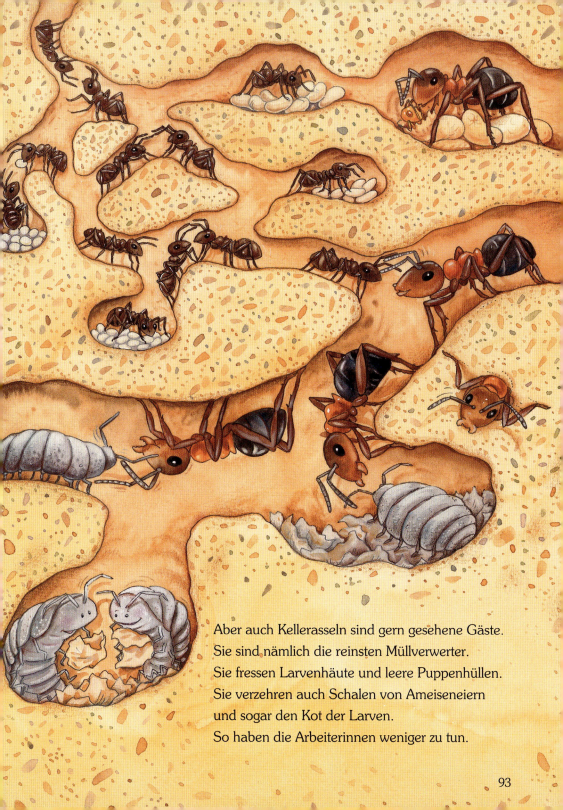

Aber auch Kellerasseln sind gern gesehene Gäste.
Sie sind nämlich die reinsten Müllverwerter.
Sie fressen Larvenhäute und leere Puppenhüllen.
Sie verzehren auch Schalen von Ameiseneiern
und sogar den Kot der Larven.
So haben die Arbeiterinnen weniger zu tun.

Winter im Ameisenstaat

Der Winter macht den Roten Waldameisen gar nichts aus.
Schließlich haben sie unterirdische Gänge. Dort wird es selten zu kalt für die Tiere.
Die Kuppel ist dicht, alles ist winterfest. Besondere Vorräte haben die Ameisen
nicht gesammelt – und die brauchen sie auch nicht, denn sie sind Winterschläfer.
Von feindlichen Ameisenvölkern, die nicht schlafen, droht keine Gefahr.
Im Winter gibt es im Ameisenbau nichts zu stehlen.

Warum gibt es nichts zu stehlen?
Weil es keine Brut gibt.

Auch die Königin wird schlafen und keine Eier legen.
So gibt es während des Winters keine Brut zu versorgen.
Alle Ameisen im Bau können sich ausruhen –
bis im nächsten Frühjahr die Sonne wieder
wärmer scheint.

Welche Insekten im Wald halten noch Winterschlaf?

Wilde Bienen

Hummeln

Wespen

Schnaken

Hallo, liebe Ameisenfreundin, lieber Ameisenfreund,

bestimmt hast du schon viele Ameisen gesehen. Vielleicht hast du dich auch mal über sie geärgert, wenn sie über deinen Fuß gekrabbelt sind oder dich gebissen haben. Trotzdem sind Ameisen ganz besondere Insekten. Obwohl sie weder Telefone, Autos noch Handys haben, sind ihre Ameisen-Staaten besser organisiert als die der Menschen.

Keine Ameise arbeitet nur für sich, sondern immer für alle.
Solche Lebensformen findet man nur noch bei Bienen und Termiten.
Termiten werden auch »Weiße Ameisen« genannt. Aber das stimmt nicht, denn sie gehören nicht zur großen Familie der Ameisenarten. Sie sind Fluginsekten.
Ein paar interessante Einzelheiten sollst du hier noch über Ameisen erfahren:
Ameisen sind Insekten. Welche Körperteile sie haben, siehst du auf diesem Bild.

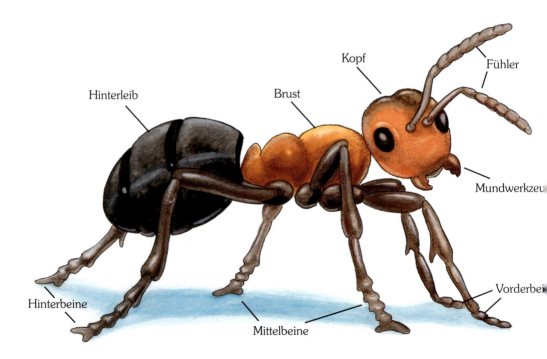

Überall auf der Welt gibt es Ameisen. Manche Arten sind besonders interessant.

Die Weberameise
Weberameisen leben in tropischen Wäldern. Sie bauen ihre Nester sowohl aus Blättern als auch aus Schlauchpilzen an Ästen entlang. Damit die verschiedenen Teile nicht auseinanderfallen, werden sie mit klebrigen Seidenfäden zusammengefügt, die ihre Larven absondern. So entsteht ein ganzes Röhrensystem.

Die Blattschneiderameise
Auch die Blattschneiderameisen mögen es feucht und heiß. Sie zerkleinern Blätter und tragen die einzelnen Teile in ihren Bau. Dort werden sie zerkaut und in verschiedenen Kammern als Kompost gelagert. Auf diesem wachsen dann Pilze, von denen sich die ganze riesige Ameisenkolonie ernährt.

Die Honigtopfameise
Die Honigtopfameisen leben in Australien. Sie sammeln süße Säfte von Pflanzen. Unter ihnen gibt es Arbeiterinnen, die besonders viel Honig speichern können. Man spricht dann von lebenden Honigtöpfchen. Ihr Hinterleib ist prall gefüllt mit Honig, der nach und nach von ihnen selbst und anderen Ameisen verzehrt wird.

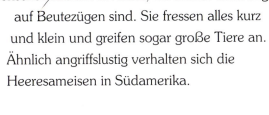

Die Treiberameise
Treiberameisen sind besonders räuberische Ameisen in Afrika, die immer unterwegs auf Beutezügen sind. Sie fressen alles kurz und klein und greifen sogar große Tiere an. Ähnlich angriffslustig verhalten sich die Heeresameisen in Südamerika.

Verblüffendes aus der Ameisenwelt

♦ Ameisen können das 60-Fache ihres Körpergewichts schleppen. Das ist, als würdest du ein Auto durch die Gegend tragen.

♦ Eine Ameisenkönigin kann in ihrem Leben bis zu 100 Millionen Eier legen. Und sie kann älter als 20 Jahre werden.

♦ Die Blattschneiderameisen bauen ihre Nester bis tief unter die Erde. Etwa so tief, wie ein Einfamilienhaus hoch ist.

◆ Ein Feind der Ameisen ist der Ameisenbär in Südamerika. Mit seinen Krallen kratzt er die Ameisenbauten auf. Seine Zunge ist so klebrig, dass daran gleichzeitig viele Tausend Ameisen hängen bleiben.

◆ Der Ameisenlöwe ist überhaupt kein Löwe. Er ist die Larve der Ameisenjungfer, also einer Libellenart. Sehr geschickt baut er Trichter in den Sand. So braucht er nur zu lauern, bis eine Ameise hineinfällt. Ein schönes Futter für ihn!

◆ Drosseln, Lerchen und Eichelhäher schätzen die Dienste von Ameisen. Ist ihr Gefieder von Milben befallen, setzen sie sich mit ausgebreiteten Flügeln auf Ameisenhaufen und lassen sich von den Insekten mit Säure bespritzen, um die Milben loszuwerden.

Friederun Reichenstetter / Hans-Günther Döring

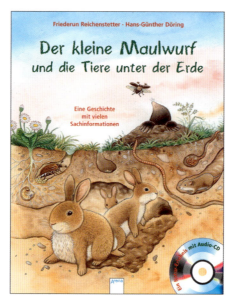

Der kleine Maulwurf und die Tiere unter der Erde
Eine Geschichte mit vielen Sachinformationen

Unter der Erde leben viele interessante Tiere. Leider bekommen wir sie selten zu Gesicht. Was fressen sie? Wie finden sie ihre Partner? Wie ziehen sie ihre Jungen auf? Dieses attraktive Tierbuch entführt in eine fremde Welt und erzählt lebendig und unterhaltsam, was Maulwurf, Feldhamster, Kaninchen, Erdhummel und Co. zu etwas ganz Besonderem macht.

Arena

32 Seiten
Gebunden • Mit Audio-CD
ISBN 978-3-401-09937-8
www.arena-verlag.de

Friederun Reichenstetter / Hans-Günther Döring

Der kleine Fuchs und seine Freunde
Die schönsten Sachgeschichten für das ganze Jahr

Ein kleiner Fuchs wird groß. Eben noch hat er sich im Fuchsbau warm an Mama gekuschelt, jetzt macht er sich auf, den Wald zu erkunden.

Und auch auf der Wiese ist so einiges los: Während der kleine Marienkäfer bereits auf der Suche nach Blattläusen ist – seiner Leib- und Magenspeise –, streckt das Bienenkind zum ersten Mal neugierig die Fühler aus.

Sammelband enthält: »Der kleine Fuchs und die Tiere im Wald«, »Der kleine Marienkäfer und die Tiere auf der Wiese« und »Wie lebt die kleine Honigbiene?«

104 Seiten
Kartoniert
ISBN 978-3-401-50237-3
www.arena-verlag.de

Friederun Reichenstetter / Hans-Günther Döring

Wie lebt die kleine Honigbiene?
Eine Geschichte mit vielen Sachinformationen

Ein Kopf, vier Flügel – ein Bienenkind! Das schlüpft aus seiner Zelle und begleitet die Leser auf einer faszinierenden Reise durch die Bienenwelt mit allen wichtigen Informationen, die auch in der Schule behandelt werden: Wie ist der Bienenstaat aufgebaut? Wie und wozu sammeln Bienen Nektar? Wie entsteht der Honig? Als schließlich eine neue Königin zur Welt kommt, wird es richtig spannend.

32 Seiten
Gebunden • Mit Audio-CD
ISBN 978-3-401-09458-8
www.arena-verlag.de

Friederun Reichenstetter / Hans-Günther Döring

So leben die kleinen Eichhörnchen
Eine Geschichte mit vielen Sachinformationen

Einmal durchs Jahr mit den kleinen Eichhörnchen! Hier erfahren Kindergartenkinder viel Interessantes über die putzigen Nager, denen sie in Parks und Wäldern häufig begegnen: wie die Tiere ihre Nester bauen, wie sie ihre Jungen großziehen und welche Vorräte sie für den Winter sammeln. Eine ideale Verbindung aus Sachbilderbuch und Audio-CD.

32 Seiten
Gebunden • Mit Audio-CD
ISBN 978-3-401-09264-5
www.arena-verlag.de

Sabine Seyffert / Friederike Spengler

Traumreise zu den Sternen
Entspannungsgeschichten zur guten Nacht

Stress und Hektik bestimmen heute oft den Alltag schon der Kleinsten. Immer schwerer fällt es Kindern deshalb, zur Ruhe zu kommen. Die Entspannungspädagogin Sabine Seyffert nimmt Kinder mit auf eine abenteuerliche Reise ins Land der Träume und der Phantasie. Die Geschichten helfen Kindern abzuschalten, erholsamen Schlaf zu finden und Kraft zu schöpfen für den nächsten anstrengenden Tag …

104 Seiten • Taschenbuch
Durchgehend farbig illustriert
ISBN 978-3-401-50372-1
www.arena-verlag.de